AF245320

RELATION

DE LA

NOUVELLE DECOUVERTE

D'UNE SOURCE

QUI COULE DEPUIS PEU
dans la Ville de Coulanges la Vineuse
en Bourgogne.

A PARIS,

Chez CLAUDE JOMBERT, Quay des Augustins,
vis-à-vis la descente du Pont-Neuf,
à l'Image de Nôtre-Dame.

MDCCXII.

Avec Approbation & Permission.

RELATION

ONSIEUR,

Sur ce que l'on vous a dit que
j'ay donné une attention particu-
liere à tout ce qui s'est fait pour la
découverte d'une Source, qui dé-
puis peu fait plusieurs Fontaines
dans la Ville de Coulanges la Vi-

neufe ; vous demandez à voir le Recueil de mes obfervations, & je connois par vôtre Lettre que c'eft plus pour procurer un femblable avantage à vos Habitans, que pour fatisfaire à une fimple curiofité. Je ne puis cependant vous envoyer qu'un abregé de cette hiftoire ; mais je promets que vous l'aurez bien-tôt toute entiere , avec même le devis que M. Couplet In-genieur ordinaire du Roy près les Pages de fa grande Ecurie, &c. a fait voir à des perfonnes à qui nul ne peut refufer fa confiance, & qui le lui ont renvoyé avec des Lettres qui marquent, *qu'il eft fi bien fait & fi curieux qu'on en auroit fait une copie pour garder, fi je ne leur avois pas mandé qu'il en avoit promptement befoin pour faire commencer fon entreprife.*

Je vous affureray davantage de l'utilité que vous en tirerez , en vous faisant sçavoir que dans ces Lettres on le traite de *Bienfaicteur de Coulanges*. On lui écrit que la saison & le mauvais temps auquel il s'expose tous les jours sans aucun ménagement, pour procurer aux Habitans le plus grand bien qui pouvoit jamais leur arriver, augmente encore les obligations qu'on lui a. Ces illustres Personnes s'écrient sur son bon cœur & le plaisir qu'il prend à obliger : elles l'assurent de tous les congez de la Cour qu'il lui faut pendant son absence, & lui promettent qu'il ne seme pas en terre ingrate ; qu'il n'y a rien qu'on ne fasse pour lui témoigner jusqu'où va la reconnoissance ; qu'elle ne peut aller trop loin pour être proportionnée à tout ce qu'il fait avec tant d'affection & de capacité ; que c'est un Moïse qui a sçû frapper la roche, & faire sortir un torrent d'eau. Elles demandent s'il est à l'Observatoire ou à Versailles, & quand elles pourront l'as-

ſurer elles-mêmes qu'on ne peut lui être plus obligé, ni l'honorer davantage.

COULANGES eſt une Ville de Bourgogne ſituée à trois lieuës d'Auxerre du côté du Midy ; on l'appelle *la Vineuſe*, parceque ſon territoire eſt un Vignoble qui produit des vins auſſi agréables au goût qu'utiles à la ſanté. Mais pendant qu'elle envoyoit de tous côtez cette liqueur délicieuſe, elle-même manquoit de la plus commune & la plus neceſſaire à la vie ; elle n'avoit point d'eau. Les Habitans étoient réduits à ſe ſervir de Mares ; & parcequ'elles étoient long-temps à ſec, ils alloient ſouvent fort loin chercher un Puits qui tariſſoit auſſi, & les renvoyoit à la Fontaine d'Ecolives qui eſt à une lieuë de-là. Comme il paſſe des gens de guerre ſur cette route, les femmes n'y pouvoient aller sans danger d'être insultées ; d'ailleurs la Ville étant sujette aux incendies, chaque Habitant étoit obligé par Ordonnance de Police de tenir à sa porte un tonneau plein d'eau. Cette sage précaution n'avoit pas empêché qu'elle ne fût brûlée trois fois en trente ans , & qu'on n'eût été obligé en 1705 de jetter du vin sur le feu. Aussi dans la crainte d'ê-tre un jour envelopez dans l'em-brasement , plusieurs des princi-paux Habitans s'étoient établis ail-leurs , & une partie de la Ville ré-duite en cendres , éloignoit les étrangers que la beauté du lieu, la douceur du climat , & la fertilité du terroir y auroit attirez.

Depuis plusieurs Siecles , & par-ticulierement depuis un Arrest du Conseil du 23 Octobre 1516 , qui permet aux Habitans de lever un impôt fur chaque piece de vin qui fortira de leur territoire pour employer le produit à leur trouver de l'eau, ils n'avoient épargné ni recherches ni dépenfes, & tous leurs efforts n'avoient fait que les convaincre que leur mal étoit fans remede. La gloire de réüffir dans cette entreprife & de rendre Coulanges floriffante étoit réfervée à un Magiftrat d'un genie fuperieur, qui fut perfuadé qu'une grande authorité doit s'exercer pour l'utilité publique. Dés que M. Dagueffeau Procureur General fut devenu Seigneur de cette Ville, il réfolut de tenter toutes les voyes imaginables pour au moins fe convaincre qu'il ne devoit pas permettre qu'elle fit davantage de dépenfes. En Septembre 1705 il s'adreffa à M. Couplet pour l'execution de fon deffein. Cet Ingenieur partit auffi-tôt,

& quoiqu'il arrivât fort tard à Auxerre, le lendemain de grand matin il se mit en chemin, disant à ceux qui avoient eu ordre de le conduire de-là à Coulanges, que la saison jointe à l'année qui étoit la plus seche qui eût encore été observée, parcequ'il n'avoit point neigé & presque point plu, le pressoit d'arriver dans un temps si favorable pour la recherche qu'il alloit faire ; que s'il trouvoit de l'eau assez haute pour être conduite où l'on en demandoit, il assureroit qu'elle y couleroit éternellement, & plus abondamment les années suivantes.

Les observations de l'Academie des Sciences ont justifié son empressement ; on a sçû qu'en 1705 il n'étoit tombé que 13 pouces 10 lignes $\frac{1}{4}$ de hauteur d'eau, au lieu que dans les années précedentes il en étoit toûjours tombé environ 19 pouces; & l'on a depuis remarqué que cette quantité commune de 19 pouces revenoit. Qu'en 1706 il en tomba 15 pouces 3 lignes $\frac{1}{2}$; en 1707 17 pouces 11 lignes; en 1708, 18 pouces 6 lignes. On voyoit M. C...... s'écarter en allant tantôt d'un côté tantôt de l'autre du che-min, & toûjours attentif à la dif-position de la campagne & à la qualité du terrain. Il demandoit souvent qu'on lui indiquât le mieux que l'on pouvoit la situation de la Ville. Il avoit fait environ deux lieuës, quand il dit que ce qu'il avoit vû lui faisoit craindre qu'il ne fallût faire des rigolles comme il en avoit tracé aux environs de Versailles pour prendre l'eau des pluïes aussi-tôt qu'elle est tombée sur la terre, & la conduire dans des Etangs ou Réservoirs avant qu'elle

3. Instru-
ction.

4. Instru-
ction.

ait eu le temps de se filtrer ou des-
cendre trop bas pour en pouvoir
joüir. Peu de temps aprés il dit que
le terrain changeoit, & environ à
600 toises de la Ville il demanda si
ce qu'il voyoit étoit Coulanges;
puis il assura que l'Epoque de cette premiere année qu'elle avoit un
si illustre Seigneur, seroit connu à
la posterité par les Fontaines dont
il l'alloit enrichir. L'entretien de
M. C...... qui avoit expliqué pendant le chemin avec franchise &
avec netteté les secrets de son art,
& qui sembloit prendre plus de
plaisir à enseigner que les autres
n'en ont à se faire admirer, déter-
mina M. le President Berault qui
l'avoit conduit, à courir à la Ville se
faire honneur d'annoncer le premier cette nouvelle. Tous les Habitans étant venus où M. C......
faisoit des Nivellemens, ils appri-

rent de lui-même qu'il y avoit là plus d'eau qu'il n'en falloit pour fournir abondamment à tous les besoins d'une Ville bien plus grande que Coulanges ne lui paroissoit, & d'autant plus qu'il n'avoit pas dessein de leur donner de quoy faire des Jets d'eau & des Cascades; qu'elle n'étoit qu'à 14 pieds de profondeur, & qu'il la feroit entrer par un endroit des murs de leur Ville qu'il leur montra, plus haut que leurs plus hautes maisons. Ce discours fit une impression si vive sur l'esprit de ce peuple alteré, que dans l'impatience de la joye d'avoir de l'eau, la partie de Vigne où il étoit auroit été renversée par les Proprietaires mêmes, s'il n'eût arrêté leur empressement, & promis qu'il la feroit sortir de terre par un autre endroit où il y auroit moins de dégât à faire. Il leur dit en le cher-

chant, que pour la perfection d'u-
ne telle entreprife il falloit, 1°. trouver l'eau avec la moindre dépenfe
qu'il étoit poffible, 2°. fans toute-
fois rien retrancher de celle que
demande la folidité de l'ouvrage à
faire, parceque les réparations en
font le feul defagrément, 3°. qu'il
la falloit prendre fur un fond inal-
terable, 4°. la foûtenir le plus haut
qu'il étoit neceffaire, 5°. & non toûjours le plus haut qu'il étoit poffible, fi pour ces avantages on per-
doit de fa quantité.

Il planta ailleurs trois picquets,
par où il ordonna que l'on fît paf-
fer une tranchée, fur le fond de la-
quelle on verroit venir, dit-il, plufieurs filets d'eau, qui tous enfem-
ble formeroient fous le picquet du
milieu une fource qu'il feroit em-
boucher dans une conduite de
tuyaux, qui de-là la meneroit à la

5. Inftru-
ction.

Ville. Il appella ce premier ouvrage *Tranchées de recherche*. Il montra comment il en falloit prolonger un des bouts plus loin qu'il ne l'avoit marqué, si l'on vouloit une plus grande quantité d'eau que celle qu'il estimoit suffisante. Il recommanda expressément de cesser de foüiller si-tôt qu'on auroit découvert ce fond moüillé de Sourcins, parceque le sable qu'il venoit de voir sur un chemin qu'on lui avoit nommé *le chemin du Groüais*, s'étendoit sous cette foüille. Il traça ensuite une seconde tranchée à foüiller, qu'il appella *décharge des tranchées de recherche* ou *aqueduc*; autre ouvrage qu'il estimoit, dit-il, aussi utile pour le present que pour l'avenir, 1°. parceque ceux qui foüilleroient, 2°. ceux qui auroient à poser la conduite des tuyaux. 3°. ceux qui dans la suite travailleroient à l'entretien, seroient fort incommodez de l'affluence de l'eau, si l'on ne pouvoit la détourner; & plus utile encore, 4°. en ce que l'embouchure de cette décharge seroit tellement accommodée à l'embouchure de la conduite de tuyaux, que quelque quantité d'eau qui descendît des *tranchées de recherche*, en des temps qu'il est autant impossible de prévoir que ceux des débordemens, elle ne pourroit la forcer, ni 5°. s'élever de plus d'un pouce ou deux sur le fond de ses *tranchées de recherche*; ajoûtant que cette cinquiéme utilité étoit des plus grandes, en ce que plus de hauteur ou de pesanteur d'eau seroit capable de se faire d'autres voyes, que celles qu'on lui auroit préparées avec ces grands soins & ces grandes dépenses, qui le plus souvent empêchent qu'on ne se ré-

foude à de telles entreprifes. Il ap-
porta plufieurs exemples de Sour-
ces qui ont été perduës faute d'une
telle précaution. Quelques Habitans ajoûterent que la perte de celle de Courfon, Village à deux lieuës
de leur Ville, ne venoit apparem-
ment que de ce que faute de cette
inftruction on avoit hauffé les bords
de fon ancien baffin, ce qui l'avoit
obligé à refluer & s'élever fur le
fond de fon réfervoir naturel, ou
de fes anciennes routes ou condui-
tes, que l'on tâche d'imiter par les
tranchées de recherche. A la priè-
re de M. le Comte de Courfon, M.
C......a montré où l'on retrouve-
roit cette Source, mais bien plus
baffe & plus éloignée du Village
qu'elle n'étoit. Après qu'il eut donné de telles inftructions il entra
dans la Ville, & n'y ayant rien vû
qui s'oppofât à fon deffein, dés ce
même

même jour il en partit pour Paris.

Le lendemain une partie des Habitans foüillerent fous les traces qu'il avoit faites ; un autre jour une autre, & ainfi de fuite à tour de rôlle. Une bande de ces Travailleurs n'étoit pas encore à 13 pieds de profondeur, qu'on entendoit murmurer qu'on trouveroit de l'eau comme on en avoit trouvé. Une autre difoit, qu'on nous en mette gros comme le manche de nôtre pioche à cet endroit plus haut que pas une de nos maifons, & nous donnerons dix mille francs. Vous allez voir, Monsieur, que pour moins du quart de cette dépenfe M. C...... y a mis quatre fois plus d'eau. Ceux qui la découvrirent à 14 pieds de profondeur de foüille fous le picquet du milieu, comme il l'avoit promis, jetterent leurs outils, coururent à la Ville quereller

9. Inftitution.

les incredules, & tous les Habitans la vinrent voir. La poursuite d'un grand bien nous laisse toûjours des inquiétudes. La voilà, disoient quelques-uns, mais elle n'est pas dans Coulanges. D'autres à leurs manieres exposoient des impossibi-litez, ou formoient des difficultez. M. C...... qu'on instruisit aussi-tôt de cette découverte, manda qu'on se souvînt qu'il avoit recommandé expressément de ne plus foüiller quand on auroit trouvé le lit de terre imbibé d'eau ; que l'on eût seulement attention à le mettre de niveau à l'aide de cette eau même, & que l'on entretînt sa décharge fort nette. En Decembre il retour-na à Coulanges ; il observa les vei-nes de terre d'où sortoient, com-me il l'avoit prévû, plusieurs filets d'eau ; il fut toûjours le premier à l'attellier, & il en revenoit le der-

nier, car on ne trouvoit point d'Inſ-
pecteur capable des attentions qu'il
vouloit qu'on donnât à ſon entre-
priſe. Il fit foüiller les tranchées de
recherche & leurs décharges plus
qu'on n'avoit oſé faire en ſon ab-
ſence. Il diſtribuoit de ſon argent
aux Travailleurs pour les engager
à entrer par ſous-œuvre ſous le pied
des berges de la foüille, où il s'a-
vançoit le premier pour les enhar-
dir. Plus il faiſoit ouvrir certaines ^{10. Inſtru-}
veines de terre qu'on lui voyoit ^{ction.}
choiſir, plus il en ſortoit d'eau.

Ayant enfin déterminé la profondeur de ces foüilles, il fit con-
ſtruire ſur leurs fonds une pierrée
haute & large d'environ 15 pouces,
& dit qu'il l'auroit fait faire plus
large s'il avoit trouvé des pierres
capables de la couvrir. Cette pierrée ^{11. Inſtru-}
fut faite contre l'avis des Ouvriers, ^{ction.}
qui ſous prétexte de l'impoſſibilité

de nettoyer des caneaux si petits, vouloient qu'on fît la dépense de revêtemens en berceau, de cave large de trois pieds, haute de six, comme on feroit obligé de faire dans des sables mouvants. Il n'y avoit pas encore vingt toises de sa pierrée faite quand il la fit couvrir ; puis il en fit tirer par un moyen aussi facile que de peu de dépense, tous les gravois que les Maçons y avoient malicieusement laissez. Cette experience fut admirée de ceux qui estiment les inventions par leur utilité & leur simplicité.

Pendant que l'on travailloit à ce revêtement, il passa à l'execution de la seconde partie de son devis, qu'il intitule : *De la conduite & de la distribution des Eaux*, où il dit que de grands Physiciens de l'Academie des Sciences ont trouvé cette matiere digne de leur application, &

l'ont épurée de mille anciennes er‑
reurs. Il traça diverses tranchées
où l'on pouvoit mettre la conduite
des tuyaux qui meneroit la Source
à la Ville; il en fit les plans & les
profils, & les ayant comparez en‑
semble, il ne préfera pas celle qui
auroit coûté le moins, quoiqu'il
eût toûjours en vûë que ce que l'on
appelloit le plus grand bien qui
pouvoit jamais arriver à Coulan‑
ges coûtât peu, mais celle où l'eau
couleroit plus facilement.

    Ayant connu par la route que
tiendroit la conduite combien il
falloit de tuyaux, par la quantité
d'eau qu'elle porteroit, & par sa
pente quel devoit être leur diame‑
tre, il les commanda, & ordonna
que l'on fît des pierres du païs un
nombre de petits auges, dont il
donna le dessein, semblables à peu
prés à ceux dans lesquels on donne

14. Instru‑
ction.

15. Instru‑
ction.

16. Instru‑
ction.

B iij

à boire à la volaille, pour les join-
dre d'efpace en efpace à la conduite de tuyaux, qui feroit pofée dans
cette troifiéme tranchée ; au lieu
de ces regards que les Ouvriers
confeillent de faire à chaux & ci-
ment, & de couvrir d'un bâtiment
qui coûte cent fois, & fi l'on n'y
prenoit garde, quatre à cinq cens
fois plus que ceux qu'il décrit, &
qui font cependant beaucoup plus
avantageux. Il dit prefque de même des Fontaines qu'on laiffe faire
à leur gré, puis il ajoûte que l'un
& l'autre de ces ouvrages pour le
Roy dans Verfailles n'ont coûté
que 25 à 30 livres.

A mefure que l'on foüilloit cette
troifiéme tranchée, l'eau qui venoit
des tranchées de recherches fuivoit
les Travailleurs, malgré les jerfu-
res, les trous, les veines de fable
qui s'y rencontroi

n'entretenoit pas à cette eau un paſſage fort libre pour ſa décharge, elle en chaſſoit les Ouvriers.

Avant que de faire de plus gran- 17. Inſtru-ction. des dépenſes M. C...... voulut que l'on vît long-temps la Source en- trer dans Coulanges par cette ſim- ple foüille telle que je vous la viens de décrire ; non , dis-je , encore chargée de la conduite des tuyaux, & qui cependant y portoit une tel- le quantité d'eau, que les Habitans en faiſoient entrer chez eux, en la- voient toutes les ruës , & l'autre partie alloit s'étendre dans les foſ- ſez qui entourent cette Ville. Par cette deſcription vous pouvez ju- ger ſi cette Source eſt auſſi groſſe que le manche d'une pioche , & bien mieux que ſi je vous diſois combien elle donne de pouces d'eau.

Le 21 Decembre fut un grand

B iiij

jour pour Coulanges, l'eau répan-
dit dans le cœur des Habitans plus
de joye que l'abondance & la ma-
turité de leurs vins n'en avoit jamais fait naître. Ils ne croyoient
pas leurs yeux, hommes, femmes,
enfans en vouloient boire & pietti-
ner dedans. M. le Lieutenant devenu aveugle, comme vous fça-
vez, voulut qu'on opposât fes
mains à fon courant, & dit en fe
levant que c'étoit un des objets
qui lui avoit fait plus regretter la
perte de fa vûë. M. le Curé aprés
avoir fouffert que fon peuple s'a-
bandonnât pendant quelque temps
à mille folatreries qu'infpire toûjours une joye extraordinaire, le
mena à l'Eglife où il entonna un
Te Deum, pour rendre graces à ce-
lui qui eft la Source des eaux vives,
pendant que le fon des cloches an-
nonçoit cet heureux évenement à

tout le païs d'alentour , & on les
sonna avec tant d'emportement que
la plus grosse fut démontée.

M. Millon Receveur de la Terre,
donna un trés grand repas ; chaque
Bourgeois à son tour en fit autant :
M. le Curé même pour montrer qu'il
approuvoit quelques festins , eut
deux grandes tables bien couvertes.
M. C...,.., ne resta plus à Coulanges, qu'autant de jours qu'il luy en
fallut pour faire ragreer cette troi-
siéme Tranchée, qu'il avoit préci-
pitament fait ouvrir pour satisfaire
l'impatience des uns & confondre
l'incredulité des autres. Il promit en
partant qu'il viendroit entre les mois
d'Août & Septembre , qui est le
temps des plus basses eaux, voir si
cette Source auroit continué à couler , & meriter l'execution de ce
qu'il avoit écrit dans sa seconde
Partie.

18. Instru-
ction.

Aïant receu des lettres, où l'empreſſement des Habitans faiſoit écrire, que l'eau loin de diminuer étoit augmentée ; que les regards qu'il avoit ordonnez étoient faits ; que les tuyaux qu'il avoit envoïez avec des Ouvriers pour les poſer, étoient arrivez. Il ſe rendit à Coulanges comme il l'avoit promis. Il ôta l'eau de cette Tranchée, où l'on s'étonnoit qu'elle eût ſi long-temps coulé. Il fit poſer les tuyaux ſur ſon fond, il la fit couler par cette nouvelle conduite ; & dés qu'il l'eût vû entrer dans la Ville par où il l'avoit promiſe, il partit pour Paris, content de voir Coulanges pour moins de 3000 livres, & bien moins qu'il n'eſt expoſé dans le Devis qu'il a fait, qu'il a ſigné, & qui fut preſenté au Conſeil, abondamment pourvûë d'une eau qu'elle auroit achetée par un tribut perpetuel.

On vient maintenant s'y établir;
on y bâtit; & il y a même à present
des hôtelleries.

Je ne dois pas oublier à vous faire
sçavoir, qu'on n'obligea pas les po-
seurs de tuyaux à executer tout ce
qui est décrit dans la seconde partie du Devis de M. C......; que soit
pour l'honneur de la Ville, soit par
charité pour les Ouvriers, soit par
d'autres considerations où il ne voulut point avoir de part, on s'opi-
niâtra, & ouvertement dés qu'il fut
parti, à faire des dépenses en regards, en fontaines & en foüilles,
que déja on connoît non-seulement
inutiles, mais trés dommageables. V. la f. Utilité de la 8. Instruction.
Comme vous serez, Monsieur, sur
les lieux quand on travaillera à donner de l'eau à vos Habitans, ils ne
seront pas exposez à de tels incon-
veniens.

Quand on aura vû le fruit de ce

que l'on a affuré que M. Couplet ne femoit pas en terre ingrate , je vous le décrirai.

La Ville d'Auxerre a prefque la même obligation à M. Couplet. Il a montré d'où elle pourroit tirer d'autre eau que celle qui obligeoit à des reparations continuelles, qui étoit , dis-je , bourbeufe , chaude en efté , froide en hyver , & en tout hors des qualitez d'eau de fource. Il a donné l'art de la conduire & de la diftribuer en forte, qu'on puiffe retirer les frais , & avoir encore des fontaines par tous les carrefours. Les lettres que M. C...... a receuës de Meffieurs les Maire, Echevins, & principaux Officiers, affûrent de l'avantage que cette Ville recevra quand elle fera en état de faire executer fon Devis.

Dans l'Ouvrage que je vous promets, il y aura la defcription que vous me demandez du Niveau dont M. Couplet fe fert.

Je fuis,

MONSIEUR,

Votre &c.
RICHER.

Pour conſerver la mémoire de cette découverte, on a fait des Inſcriptions &
des Deviſes, dont je vous raporteray ſeu-
lement celles-cy.

INSCRIPTION.

Non erat ante fluens populis ſitientibus unda;
Aſt dedit æternas arte CUPLETUS aquas.

ANNOQUE MDCCVII.

LIGER,

DEVISE.

Le corps repreſente un Moyſe qui tire de
l'eau d'un rocher entouré de ſeps de
vignes. Les mots ſont,

UTILE DULCI.

L'UTILE AVEC L'AGREABLE.

ANNO MDCCVII.

APPROBATION.

J'Ay lû par ordre de Monsieur le Lieutenant General de Police, un Manuscrit intitulé, *Relation instructive*, &c. dont on peut permettre l'impression. A Paris ce 23. Aoust 1712.

PASSART.

PERMISSION.

VEu l'Approbation du sieur Passart, permis d'imprimer ce 24. Aoust 1712.

M. R. DE VOYER D'ARGENSON.

Registrée sur le Livre de la Communauté des Libraires Imprimeurs de Paris, num. 246. conformément aux Reglemens, & notamment à l'Arrest de la Cour de Parlement du 3. Decembre 1705. A Paris ce 9. Septembre 1712.

L. JOSSE, *Syndic.*

De l'Imprimerie de la Veuve d'Antoine Lambin.